RAPPORT

SUR

L'ÉCLAIRAGE

A

L'HUILE DE PÉTROLE

PAR

LE Dʳ CONSTANTIN PAUL

LU A LA COMMISSION D'HYGIÈNE

du VIᵉ Arrondissement

EN JANVIER ET FÉVRIER 1864

(Extrait de la PRESSE SCIENTIFIQUE DES DEUX MONDES)

PARIS

IMPRIMERIE DE DUBUISSON ET Cⁱᵉ

5, rue Coq-Héron, 5

1864

ÉCLAIRAGE

A L'HUILE DE PÉTROLE

Parmi les besoins que la vie en société a apportés avec elle, s'est présenté le désir de prolonger le temps des relations. On a trouvé pour cela des lumières artificielles.

Toutes les matières supposées combustibles ont été mises à contribution. Tour à tour, on a employé des solides, des liquides et du gaz. Sous forme solide, on a pris la graisse des animaux et des matières dites résineuses. A l'état liquide, on a employé les huiles contenues dans les graines du colza, des noix, des faînes et du lin.

A New-York, on emploie même, à l'heure qu'il est, l'huile de ricin comme liquide d'éclairage. Sous forme gazeuse, on emploie enfin des carbures d'hydrogène retirés par distillation de la houille. Mais la chimie a trouvé encore d'autres matériaux applicables à cet usage dans les résidus de cette fabrication même du gaz. Depuis dix ans environ, en France, en Angleterre et en Allemagne, et dans d'autres pays encore, on distille à basse pression des goudrons de houille, des schistes bitumineux, des lignites, le boghead, etc., etc. On en tire, par des procédés que l'expérience a enseignés, des produits de différente nature ; d'abord des essences volatiles qu'on emploie dans des lampes spéciales ; c'est ce qu'on connaît sous le nom d'éclairage au schiste.

Les autres produits de cette distillation ont trouvé d'autres applications. Les huiles lourdes servent au graissage des machines ; la paraffine sert à la fabrication de la bougie et de certains cosmétiques, et enfin la benzine a fourni les matières colorantes si riches, rouges, violettes et bleues, connues sous le nom de couleurs d'aniline.

Depuis ce temps, un nouveau produit a été rencontré : c'est l'huile de pétrole, dont je veux vous entretenir. Ce produit, destiné à se répandre de plus en plus, est digne de toute votre attention. Les quantités considérables de ce liquide qui sont livrées au commerce et son prix si minime en étendent chaque jour la consommation, et il n'est pas douteux qu'il n'entre bientôt en sérieuse concurrence avec la bougie, avec les huiles végétales et peut-être même avec le gaz. Il faut ajouter en outre que cette industrie ne fait que commencer, que tout s'y fait encore d'une manière primitive et imparfaite, depuis le mode d'extraction jusqu'à son emploi domestique, et que l'expérience ne tardera pas, comme en toutes choses, à y apporter de sérieux perfectionnements. Je vais tâcher de vous présenter ici l'histoire de l'emploi de ce liquide, depuis sa source jusqu'à sa combustion, en vous signalant, à chacune des opérations qu'il subit, les dangers qu'il peut présenter et les précautions destinées à les éviter.

§ I⁰ʳ. — SOURCES DE L'HUILE MINÉRALE.

On se souvient qu'il y a trois ans les journaux politiques firent un récit pompeux de ruisseaux et de puits forés qui fournissaient des quantités prodigieuses d'huile minérale dans l'Amérique du Nord. Dès le mois de mars 1861, on vendait déjà à Londres, au dépôt de M. James Alabden, les huiles minérales purifiées et limpides comme de l'eau au prix de 1 fr. 50 le litre [1]. Mais depuis ce temps, les découvertes s'en sont considérablement multipliées.

Aujourd'hui, les huiles minérales se recueillent dans l'ancien comme dans le nouveau continent.

M. Bleckrode nous dit [2] que, dans une partie des Indes transgangétiques, dans l'empire Birman, près de Rangoon, dans le district de la rivière d'Irawapy, il existe plus de cinq cents sources sur une étendue de plus de trente kilomètres carrés; ces sources, munies de puits forés, fournissent une huile connue sous le nom de *Nativa* ou *Burmese naphta* ou de *Rangoon Tar*. On en obtient par an plus de cent millions de litres de naphte ou de goudron qui sont l'objet d'une importation régulière en Angleterre.

Dans l'archipel indien, les huiles minérales sont communes en beaucoup d'endroits; elles sont connues sous le nom de *Minjack Lantaeng* à Java, et de *Minjaek Linij* à Sumatra. Ces huiles sont très employées par les natifs, qui se chargent de les recueillir et vont les vendre sur les marchés publics des villes et des principaux villages. Il est bon de remarquer que les lieux où les huiles s'élèvent spontanément dans des crevasses naturelles et dans les excavations artificielles sont ordinairement entourés de sources minérales chaudes et salifères. Du reste, ce

[1] *Moniteur scientifique*, 1ᵉʳ mai 1862.
[2]   id.,   id.

ierrain appartient à la formation tertiaire; les volcans et les rochers vol-
caniques forment la véritable constitution du pays.

Quant aux Etats-Unis et au Canada, le commerce y est beaucoup
plus avancé. Voici quelques détails à ce sujet, qui sont donnés par
M. E. Kopp[1], d'après le *Chemical News* du 4 octobre 1862.

L'existence de sources d'huile était presque inconnue aux Etats-Unis
en 1845, lorsqu'en creusant un puits pour chercher de l'eau salée, à
Tarentum, 35 milles anglais au-dessus de Pittsbourg, dans les monts
Allighany, on rencontra une source d'huile minérale.

Quelques expériences ayant démontré que cette huile était tout à fait
analogue à celle qu'on obtenait par la distillation de la houille, une com-
pagnie fut constituée à New-York, pour opérer la purification par les
procédés employés pour le traitement des huiles de houille artificielles.

L'entreprise n'eut guère de succès, et ce n'est qu'en 1857 que
MM. Bowditch et Drake, de New-Haven, commencèrent à créer un puits
à Titarville, près d'Oil-Creek, où l'on avait rencontré les traces d'explo-
rations antérieures.

Mais en août 1859, lorsqu'on eut rencontré, en creusant à une profondeur de 20 mètres, une source fournissant 400 gallons par jour, c'est-
à-dire 1,800 litres d'huile minérale, l'éveil fut donné, et déjà, à la fin
de 1860, on comptait près de 2,000 sources ou puits, dont 74 des plus
importants produisaient par jour, à l'aide de pompes, environ 1,165
barriques (de 190 litres chacune) d'huile brute, valant environ 10,000
dollars (50,000 francs), à 1 franc le gallon (4 litres et demi). Bientôt
après, on creusa des puits à la profondeur de 170 à 200 mètres, et
l'abondance de l'huile était telle, qu'une seule source, à la vérité plus
riche, fournissait jusqu'à 3,000 barriques par jour, tandis que des
sources les plus pauvres on ne retirait que de 12 à 20 barriques.

A plusieurs occasions, le jet d'huile se montra si violent, qu'il fallut
employer des moyens puissants et extraordinaires pour s'en rendre
maître. Les journaux ont rendu compte d'un terrible incendie qui
éclata dans cette région, par suite de l'inflammation de l'huile d'une
source surabondante, inflammation qui se propagea à d'autres sources,
sur une très grande étendue, et occasionna de très graves accidents,
même la mort d'un certain nombre de personnes.

Aujourd'hui, toutes ces sources sont encaissées et maintenues au
moyen de forts tuyaux en fonte, capables d'être fermés hermétique-
ment, et n'en laissant écouler l'huile que proportionnellement à la de-
mande et à l'état du marché.

Les quantités d'huile expédiées de la région des sources par le chemin
de fer de Sunhury et d'Erié s'éleva de 325 barriques en 1859 à

[1] *Moniteur scientifique*, 1er décembre 1862, et *Répertoire de chimie appliquée*,
1862, p. 408.

134,947 barriques en 1861, et, dans cette même année, près de 500,000 barriques furent transportées par eau. Depuis août 1861, la production a toujours été en augmentant.

Le rendement actuel des sources peut être évalué de 250,000 à 300,000 barriques par semaine (47 à 57 millions de litres).

Un chemin de fer doit être conduit en Pensylvanie, dans le seul but de faciliter le transport des huiles minérales des sources aux ports de mer.

La quantité exportée de Philadelphie, de New-York, de Boston, de Baltimore et de San-Francisco, depuis le 1er janvier au 1er avril 1862, s'est élevée à 2,342,052 gallons, représentant une valeur de 633,949 dollars.

Pendant la première période, 519,960 gallons furent reçus à Cincinnati. Enfin, du 1er janvier au 16 mai 1862, Philadelphie, New-York et Boston ont exporté 3,651,130 gallons valant 889,886 dollars.

Les prix ont fortement baissé dans ces derniers temps. En janvier 1862, le gallon d'huile minérale brute valait 1 fr. 15 c. à 1 fr. 20 c., et l'huile purifiée, 1 fr. 90 c. à 2 fr. 30 c. En dernier lieu, le gallon de la première ne valait plus dans les ports de mer que 45 c., et de la dernière que 95 c. à 1 fr.

Sur les lieux d'extraction, la valeur de la barrique d'huile brute est d'environ 1 dollar (5 fr.), c'est-à-dire environ 3 centimes le litre.

On peut prévoir, messieurs, d'après ces données, que, lorsque cette industrie sera pourvue d'un matériel qui rende plus faciles et moins coûteux les frais de transports, le prix de ces huiles minérales doit rester tellement inférieur au prix de nos moyens ordinaires d'éclairage par les liquides ou les solides, que nous sommes destinés à en voir prochainement l'usage se généraliser.

Mais ce n'est pas tout encore : le Canada est venu bientôt faire concurrence aux Etats-Unis. M. Jouanne[1] nous a appris que, dans le voisinage du chemin de fer Great-Western of Canada, une forêt vierge s'est transformée en moins de deux ans en un vaste chantier d'extraction où les puits se multiplient chaque jour. Les terrains sont concédés pour 99 ans à raison de 1,500 fr. l'acre, plus une redevance du tiers de l'huile extraite payée au propriétaire du terrain.

Enfin l'Europe elle-même semble renfermer de semblables trésors : une source d'huile minérale naturelle a été découverte à Sehnde, près d'Hildesheim, dans le Hanovre, et l'étude de cette huile a été faite par MM. Bussenius Elsenstuck et Helsmann [2]. Tout porte à croire que ces sources vont devenir plus nombreuses encore, et, lorsque les conditions géologiques de ces réservoirs seront mieux connues, il est certain qu'on fera en France même des tentatives pour établir de ces sortes de puits artésiens.

[1] La Science pour tous. 1862. N° 390. page 307.
[2] Liebig, annalen, 113 p. 413-414. p. 279.

§ II. — MODE DE FORAGE ET D'EXTRACTION EMPLOYÉ POUR LES PUITS D'HUILE MINÉRALE.

On commence par creuser les puits sur un diamètre de $1^m 20$ et $2^m 10$ cent., et on y fait un cuvelage jusqu'à ce qu'on rencontre la roche, c'est-à-dire une profondeur de 12 à 18 mètres. Dans quelques circonstances on trouve l'huile presque à la surface, mais elle est de qualité médiocre.

Quand on est arrivé à la roche, on la sonde à 12 ou 20 mètres plus bas, limites entre lesquelles on est toujours à peu près sûr de rencontrer une source d'huile. Près de chaque puits sont des réservoirs en bois, d'une capacité de 500 à 2,000 gallons (2,270 à 3,080 litres) ; l'huile y arrive au moyen de pompes convenablement installées, et de là elle est reprise pour être embarillée et expédiée sur les marchés de vente. Le forage du puits n'exige pas de grandes dépenses, et il est dans le pays des entrepreneurs qui se chargent de les creuser à forfait.

Dans la terre on paye 2 dollars 1/2 par pied, soit environ 45 francs par mètre, et pour sonder la roche 40 fr. 30 c. par mètre également. Ordinairement un mois suffit, au maximum, pour faire ce travail. En calculant sur ces bases, on peut faire creuser un puits, avoir une pompe avec des accessoires et un réservoir de 454 litres pour la somme de 2,500 francs. Lorsqu'on arrive à l'huile, un ouvrier peut facilement, dans une journée qui lui est payée 5 francs, tirer 4,000 gallons (18,172 litres).

Presque partout, les pompes marchent à bras.

Dans le Canada, l'huile de Sainte-Claire, supérieure à celle de Pensylvanie coûte 15 fr. les 150 litres, fût compris ; elle vaut 11 à 12 centimes le litre à New-York. Ce qui augmente beaucoup le prix de ces huiles en Europe, c'est que le transport est difficile et coûteux.

Ce procédé d'extraction est à peu près le même que celui qui avait été employé en 1842 par Etym-Bey, ingénieur du pacha Méhémet-Ali à Djebel el Zeth (montagne de l'huile), en Egypte, sur la mer Rouge, montagne située en face la ville de Thor (Syrie). Etym-Bey avait creusé un puits d'une profondeur de cent mètres environ, puis avait établi une tranchée pour conduire l'huile dans sept cuves creusées dans le sable et remplies par l'eau de la mer. C'est à la surface de l'eau qu'on recueillait ensuite le pétrole.

Cette entreprise fut bientôt abandonnée. Deux années après, elle fut de nouveau tentée par deux Français, MM. Flory et Fourdrain (qui a bien voulu me communiquer ces détails) ; ces messieurs distillèrent le liquide de la source et en retirèrent une huile essentielle minérale d'une blancheur et d'une limpidité parfaite, qui peut être employée pour éclairage. Ce mélange du pétrole et de l'eau de mer n'amena pas de bons résultats; quelques soins qu'on mît à écrémer les puits, on entraînait toujours une certaine quantité de sel marin et de phosphate de chaux qui faisaient éclater les cornues pour peu que la température du bain de sable où plongeaient les cornues vînt à dépasser le degré d'ébullition de ce liquide.

L'épuration de ces huiles brutes se fait de la manière ordinaire, par distillation et traitement par l'acide sulfurique et la soude caustique. Les produits recueillis dans ces opérations sont connus dans le commerce sous le nom de naphte et de pétrole. C'est le dernier de ces deux corps qui est seul employé pour l'éclairage. Le naphte, dit M. Wiederhold, de Cassel [1], serait trop dangereux à cause de sa richesse en substances volatiles. Cependant, en traitant le naphte par une distillation fractionnée, on obtient 48 p. 0/0 d'huile distillant au-dessous de 100 degrés, puis des huiles très inflammables près de 200 degrés, et au-dessus des huiles qui ont la plus grande analogie avec le pétrole.

§ III. — PROPRIÉTÉS DE L'HUILE DE PÉTROLE RECTIFIÉE.

L'importance industrielle qu'a prise en peu de temps le pétrole rectifié a donné lieu à des études nombreuses. Nous allons en donner un aperçu, d'après les expériences faites à Cassel par M. Wiederhold [1], D'après l'expérience de M. Schorlemmer, à Londres [2], d'après les expériences faites au laboratoire de l'Ecole polytechnique suisse sous la direction de M. Bolley [3], et enfin d'après les travaux si connus en France de MM. Pelouze et Cahours [4].

Nous n'entrerons pas dans tous les détails de ces communications, qui rentrent plutôt dans le domaine de la chimie pure; nous choisirons ceux qui sont le plus pratiques et dont l'application peut jeter quelque lumière sur la partie ultérieure de ce rapport.

Le pétrole rectifié est un liquide opalin, de couleur jaunâtre et ayant pour densité 0,80 à peu près. Son odeur est désagréable; il s'évapore sensiblement à la température ordinaire; cependant, il est vrai qu'en laissant de cette huile à découvert dans une chambre, on en est moins importuné qu'il ne semblerait au premier abord. Son point d'ébullition varie de 120° à 150°.

Le pétrole ne se mélange pas avec l'eau, l'alcool ou l'esprit de bois; il se mélange, au contraire, facilement avec le sulfure de carbone, l'éther (qui se trouble), l'essence de térébenthine et le vieux pétrole.

[1] *Le Moniteur scientifique*, 1863, 15 février.
[2] *Répertoire de Chimie appliquée*, 1863. Mai.
[3] *Id.* *id.* Août 1863.
[4] *Comptes rendus de l'Académie des sciences*, t. LIV, p. 1241.

La composition chimique du pétrole se rapproche beaucoup de celle des essences qu'on obtient par la distillation des houilles grasses ou de Boghead, on y trouve surtout des hydrocarbures de la formule C^nH^{n+2}, de la benzine et de la paraffine.

Pour se rendre bien compte du danger d'inflammation et d'explosion que peut offrir le pétrole, l'Ecole polytechnique suisse a institué des expériences sur la volatilité de l'huile brute ou du pétrole rectifié. On a trouvé que la volatilité du pétrole rectifié pouvait ainsi être déterminée.

De l'huile de pétrole rectifiée, exposée dans une chambre chauffée à 160 degrés dans des vases ouverts, a perdu :

après une semaine............	14.0	pour 100.
après deux semaines..........	16.8	—
après quatre semaines.........	19.3	—
après cinq semaines...........	21.5	—
après six semaines............	24.5	—
après sept semaines...........	25.0	—

L'huile brute perd davantage par évaporation et se trouve par là plus dangereuse que l'huile rectifiée.

Le degré de volatilité n'exprime pourtant pas exactement les dangers d'inflammation ou d'explosion et pour cette raison on a fait les expériences suivantes :

On a introduit des verres renfermant du pétrole et des huiles minérales dans un séchoir à air chaud, dont la porte fermait bien exactement, et on a déterminé à quelle température :

1° Les huiles se laissaient allumer par le contact avec les corps enflammés et 2° continuaient à brûler sans mèche.

On a trouvé ainsi que des huiles de diverses provenances :

(Résultat des expériences de l'Ecole polytechnique suisse)

Une 1re huile de commerce A bouillant à 140° s'allumait à 45° et continuait à brûler à 66°
Une 2e	—	—	—	—	145°	—	50°	—	—	65°
Une 3e	—	—	B	—	142°	—	42°	—	—	49°
Une 4e	—	—	C	—	135°	—	30°	—	—	42°
Huile rectifiée au laboratoire				132°	—	31°	—	—	41°
Une 5e huile de commerce D	—	128°	—	30°	—	—	40°
Essence de térébenthine		137°	—	35°	—	—	44°

De l'huile brute, après avoir séjourné quelque temps à l'air, s'est comportée comme de l'huile rectifiée.

Il résulte de ce tableau que le pétrole rectifié offre à peu près le même danger de transport et de vente que l'essence de térébenthine.

§ IV. — CONSERVATION ET DÉBIT.

L'huile, une fois arrivée dans les ports du nouveau continent, est en-

fermée dans des tonnes, mais il est tellement difficile d'empêcher le liquide brut qu'elles renferment de laisser échapper, par les intervalles des pièces de bois, les parties volatiles et odorantes de l'huile, que les navires qui transportent de l'huile de pétrole ne peuvent prendre d'autre chargement. Ce n'est pas le danger d'incendie que craignent les armateurs. Ce qu'ils veulent éviter, c'est la mauvaise odeur que conservent les marchandises qui restent enfermées dans un navire pendant plusieurs semaines avec l'huile de pétrole.

Il ne faut pas oublier que l'huile de pétrole qui se trouve emmagasinée par grandes quantités est presque toujours l'huile brute, et que l'huile brute renferme, outre ce liquide pour l'éclairage, une huile plus légère connue aussi sous le nom de Benzole et des huiles lourdes. Il s'ensuit que l'huile brute est plus volatile que l'huile rectifiée et expose davantage aux dangers d'une volatilisation dont la mauvaise odeur est le moindre inconvénient et la facilité à s'enflammer un danger permanent.

L'huile de pétrole a besoin, pour ces raisons, de n'être enfermée que dans des appareils hermétiquement clos ; ces tonnes en bois ont besoin d'une garniture spéciale, sans cela il se fait une évaporation qui peut faire perdre au liquide en un an 40 0|0 de son poids.

Il vaut mieux l'enfermer dans des touries bien lutées ou dans des sortes de fontaines en zinc.

Il faut en outre que le sol situé au-dessous des tonneaux soit formé par un enduit imperméable pour que les produits de cette sorte de distillation puissent se recueillir, sans cela le pétrole s'infiltre et peut devenir une cause d'accidents.

Il y a cinq mois environ, le feu prit un jour, à Amsterdam, sur une partie des canaux et l'on s'aperçut que cet incendie avait été produit par le pétrole ; des tonnes mal closes avaient laissé échapper du pétrole qui tombant sur le sol s'était infiltré dans la terre et était ainsi allé rejoindre le canal. Là, son poids spécifique l'avait amené à la surface et le feu avait pris. Cette sorte d'incendie se reproduit comme on le sait sur la mer Caspienne où viennent aboutir des sources de pétrole assez considérables et, chose assez curieuse, c'est dans cet endroit qu'on retrouve des disciples de Zoroastre.

Il y a, comme on le voit, du danger à ce que ce pétrole soit conservé sans précaution. Mais l'autorité n'aura pas de peine à faire exécuter les mesures nécessaires. L'intérêt des dépositaires ira au-devant. Il suffit de se rappeler que les dangers d'explosion tiennent à une évaporation qui constitue une perte sérieuse pour le propriétaire, et l'intérêt privé veillera sur l'intérêt général.

Je n'ai pas trouvé de décret concernant les dépôts d'huile de pétrole ; ils doivent se trouver classés par le décret du 24 mars 1858 dans le paragraphe indiqué sous le nom de *Dépôt d'huile de térébenthine et autres huiles essentielles* ; mais j'ai trouvé dans la thèse de M. le docteur Duchène fils, qui a paru le 22 janvier 1864, depuis la lecture de la première partie de ce mémoire, quelques mesures prises par le conseil de salubrité :

« Tâcher, autant que possible, que les fabriques s'installent dans un endroit tel qu'il n'y ait pas d'habitations rapprochées, car il est prouvé que, même à une distance de 700 mètres, des plaintes très fondées se sont élevées contre ces établissements, à cause de l'odeur insupportable qu'ils exhalaient. C'est ce qui est arrivé dernièrement à Saint-Denis.

» Exiger une séparation par un mur avec toute habitation voisine, et défendre absolument toute fermeture en planches.

» Faire construire des ateliers séparés les uns des autres, de manière qu'en cas d'incendie on puisse facilement arrêter les progrès du feu.

» Disposer tous les appareils à distillation dans un atelier dont la partie supérieure se termine par une cheminée d'appel à fort tirage, s'élevant à 25 ou 30 mètres au-dessus du sol.

» Plafonner en plâtre l'atelier de distillation.

» Daller ou bitumer le sol des ateliers.

» Placer l'ouverture du foyer et du cendrier en dehors de l'atelier de distillation.

» N'éclairer les ateliers qu'à l'aide de lampes de sûreté et de lumières placées derrière des verres dormants.

» Construire des ateliers ou des magasins avec des matériaux incombustibles.

» Exiger que les gaz provenant de la distillation soient tous brûlés.

» Chaque fabrique doit avoir en réserve un tas de sable fin, afin de pouvoir le projeter de suite sur les matières qui viendraient à prendre feu. »

Ces distilleries ont été placées, par une lettre de M. le ministre de l'agriculture et du commerce à M. le préfet du Nord, dans la première classe d'établissements *insalubres* (12 juin 1862).

Voilà pour les dangers d'incendie. Mais une autre question se présente : les vapeurs d'huile de pétrole, qui ont une odeur si pénétrante, sont-elles nuisibles à la santé? Nous avons sur ce sujet l'avis d'un homme très compétent, le docteur Trench, de Liverpool.

Voici ce qui s'est passé. Il y a un peu plus d'un an, les fabricants d'essence de térébenthine de Liverpool, effrayés de l'immense quantité d'huile de pétrole qui arrivait d'Amérique et craignant pour leur commerce une concurrence sérieuse, se plaignirent que les entrepôts renfermant l'huile de pétrole et situés au nord et au sud de la ville répandaient une odeur qui avait des propriétés malfaisantes et qu'un grand nombre de personnes habitant le voisinage en avaient été malades par une sorte d'empoisonnement. Le docteur Trench fut commis par la municipalité pour vérifier le fait, et il fit un rapport circonstancié où il déclara que l'odeur de pétrole n'était point insalubre. Les plaignants, pour se venger, firent renverser, comme par mégarde, une tonne d'huile de pétrole sous les fenêtres du docteur Trench.

L'innocuité du pétrole, sous ce rapport, se montre encore par la bonne santé des ouvriers des distilleries. Ils sont, il est vrai, gênés un peu les premiers jours quand ils descendent dans les cuves pour vider les résidus de la distillation, mais ils se portent bien, et des anciens ouvriers interrogés par le docteur Duchenne ont déclaré n'avoir jamais été malades.

Des dangers existent dans d'autres conditions. Dans les dépôts importants, où le pétrole est accumulé en grande quantité, l'on en prend soin, mais c'est dans le commerce de détail qu'il existe du danger. Le nombre des débitants de pétrole au détail est inouï. Il n'y a pas de lampiste ni d'épicier qui ne vende de pétrole à l'heure qu'il est, et là aucune précaution n'est prise. Le pétrole y est manié avec bien peu de soin et par le premier venu. J'ai d'abord été effrayé de voir entre les mains de tout le monde ce liquide volatil et inflammable, et je m'attendais à voir signaler chaque jour de nombreux accidents. Eh bien, messieurs, après avoir recherché de tous côtés et m'être enquis de tous les accidents auprès de ceux qui semblent les plus renseignés, je les ai trouvés réellement bien rares. Je connais quatre cas de mort à la suite d'accidents arrivés dans le maniement du pétrole et un certain nombre de cas de brûlures, mais si je les rapproche de tout ce que je connais d'usage de ce liquide, ces accidents me semblent en réalité peu de chose.

Notre devoir, en présence d'un liquide inflammable mais non insalubre, dont les vapeurs deviendront peut-être un agent thérapeutique par la suite, est de signaler ces dangers d'incendie et d'indiquer les moyens de les éviter d'une part, de l'autre de rendre les accidents aussi peu graves que possible. Mais, loin de le proscrire, nous espérons que l'expérience en pourra rendre l'usage inoffensif.

§ V. — USAGE DOMESTIQUE DU PÉTROLE.

Le pétrole rectifié n'offre pas autant de danger qu'on pourrait le croire, et on peut en répandre sans crainte d'accident s'il n'est pas échauffé ou s'il ne tombe pas trop près d'un foyer. Si l'on verse du pétrole dans une capsule large et plate et qu'on essaye d'y mettre le feu avec des allumettes enflammées, on n'y réussit pas aussi facilement qu'on pourrait le croire d'abord, et pour obtenir l'inflammation du liquide il faut maintenir des allumettes allumées par une extrémité et plongeant de l'autre dans le liquide, si elles en sont très imprégnées le liquide prendra feu. Pour rechercher les dangers que présente le pétrole dans ces conditions, j'en ai versé sur le parquet, à plusieurs reprises, et j'ai cherché à l'enflammer avec des allumettes très enflammées. Je ne suis parvenu qu'une fois à y mettre le feu, en laissant l'allumette dans ce liquide ; la flamme est restée courte et bleuâtre, c'est-à-dire que la combustion s'en faisait incomplétement. Encore n'y a-t-il eu qu'une très petite quantité de liquide qui ait brûlé.

J'en ai versé sur du marbre et ce liquide n'a pas pris feu en présence de l'allumette. J'en ai même versé sur le marbre d'une cheminée où brûlait une masse de charbon de terre et le pétrole n'a pas pris feu, tandis que de l'essence de térébenthine dans les mêmes conditions donnait une grande flamme rouge et fuligineuse. Ces expériences sont loin d'offrir la rigueur de celles que j'ai rapportées plus haut, mais elles ont l'avantage de reproduire assez exactement ce qui se passe dans l'usage journalier.

Le public peut donc, en allant acheter du pétrole, s'assurer de son inflammabilité, c'est-à-dire qu'il a été suffisamment rectifié.

Les personnes qui emploient le pétrole comme moyen d'éclairage vont chercher ce liquide le plus souvent dans des bouteilles. Il y a là un danger, car les personnes chargées de la commission, et ce sont souvent des enfants, ne prennent pas toutes les précautions nécessaires. Les vases de verre sont fragiles, et, dans le transport, on s'expose à les briser et à renverser du pétrole dans des endroits où peuvent se trouver des foyers allumés et mettre le feu aux vêtements de l'imprudent. On a construit, pour obvier à cet inconvénient, des burettes en ferblanc qui n'ont par conséquent pas l'inconvénient de la fragilité. On les ferme avec deux obturateurs munis d'un pas de vis, qui ferment l'un le bec de l'appareil et l'autre le trou par lequel on introduit le liquide. Cet appareil est très bon et permet facilement le transport du pétrole à domicile, sans craindre les accidents.

Il n'y manque qu'un petit perfectionnement, c'est celui de retenir ces obturateurs au vase principal par des chaînettes qui font qu'ils ne s'égarent pas. Dans le cas odinaire, ces obturateurs se perdent bientôt, et alors les bidons sont fermés par des bouchons ou simplement par du papier et perdent beaucoup de leur sécurité.

Quant à l'éclairage proprement dit, il se fait dans une lampe spéciale, qu'il est bon de décrire en peu de mots. Le pétrole est un liquide doué d'une force de capillarité suffisante pour monter facilement dans une mèche dont l'extrémité peut s'élever à plus de 10 centimètres au-dessus de la surface du liquide. Il en résulte qu'il n'existe aucun mécanisme dans la lampe à pétrole. Une mèche trempe dans le liquide par sa partie inférieure et est maintenue en haut par une gaîne dans laquelle elle est mue par une petite roue dentée double que l'on met en mouvement avec la plus grande facilité. Puis la mèche est entourée d'une cheminée en verre.

La lampe se compose donc de trois parties : un réservoir, un bec et une cheminée de tirage ; chacune de ces parties a besoin de quelques conditions spéciales pour s'adapter utilement à l'usage du liquide.

Tout d'abord, la forme des récipients n'est pas indifférente. L'huile devant monter par capillarité, on doit, si on veut que la lampe éclaire régulièrement, faire que le niveau de cette surface varie le moins possible. Pour cela, il suffit de donner au vase une bien plus grande étendue en largeur qu'en hauteur. Cette condition, fort bien remplie dans les lampes américaines, ne l'est pas souvent dans les lampes françaises, qui ont conservé le système des lampes dites à modérateur. La matière employée pour construire le récipient a besoin d'être choisie également. Les lampes américaines sont presque toutes en verre ou en porcelaine transparente. C'est là une très bonne condition, qui évite la plupart des explosions.

En effet le plus grand danger d'explosion qu'il y ait à employer le pétrole existe au moment même où l'on remplit la lampe. Quand une lampe est transparente, on voit facilement la quantité qu'on verse et l'on ne craint pas de répandre imprudemment du liquide, et l'on peut en outre faire très bien cette opération soit pendant le jour, soit plus tard, loin d'une source lumineuse. Quand on se sert au contraire d'appareils métalliques, on ne voit pas ce qu'on fait et le plus souvent on approche de l'ouverture de la lampe la flamme d'une bougie ou d'une chandelle, le feu prend soit à la veine liquide soit à des huiles volatiles, et la lampe éclate. C'est ainsi que sont arrivés la plupart des accidents des lampes à pétrole.

J'ai vu pour ma part dans le service de M. Nélaton, à l'hôpital de la Clinique, une jeune fille brûlée de cette façon. Voici quelques détails de cet accident.

Une fille de vingt-six ans, Louise D., brocheuse, travaille dans un atelier où l'on emploie le pétrole pour l'éclairage.

La lampe étant épuisée de l'huile qu'elle contenait, on voulut la remplir de nouveau, on dévissa l'ajustage qui sert de bec, et l'on y versa de l'huile minérale. La fille D... tenait tout auprès une chandelle allumée destinée à faciliter l'opération. Tout à coup, le feu prit ; une grande flamme s'échappa de l'orifice de la lampe, qui éclata presque aussitôt. La lampe qui était en métal se déchira et ne lança pas de projectiles, mais la fille D... eût la main droite brûlée. Quand j'allai la voir, je lui trouvai une brûlure au troisième degré, c'est à dire ayant atteint le derme de toute la surface palmaire et dorsale de la main. Cette plaie était en voie de guérison, mais il en résultera nécessairement pour la main une certaine raideur qui, pendant longtemps, ne lui permettra pas l'usage de tous ses mouvements. M. Duchenne en raconte un semblable dans sa thèse. Il en existe bien d'autres, mais il est inutile de les rapporter. Il suffira de rappeler que, dans ce cas, les brûlures se font presque toujours aux mains.

Le bec qui renferme la mèche ne doit pas être trop long si l'on ne veut épuiser la capillarité du liquide, mais il doit être assez long pour que la flamme reste suffisamment éloignée de l'huile et ne s'échauffe pas. Dans le cas où le bec est trop court, la lampe s'échauffe et si elle est en métal les soudures fondent, l'huile s'échappe, s'enflamme et expose à des dangers d'incendie. Ce fait est arrivé dans un atelier du quai des Grands-Augustins, et on a eu une certaine peine à éteindre la flamme que donnait le pétrole. Il faut qu'il y ait entre la face supérieure du récipient et la flamme une distance de 6 centimètres au moins pour que l'appareil ne s'échauffe pas trop.

Le bec est en général muni d'un diaphragme percé de deux ouvertures; l'une oblongue est destinée à laisser passer la mèche et l'autre plus petite à laisser pénétrer l'air qui remplace le liquide sortant. Ce diaphragme ne doit pas être soudé, car la soudure fondrait trop facilement, mais doit être enclavé solidement.

La combustion de l'huile de pétrole est très active à en juger par le fort rayonnement calorifique qu'elle fournit et l'échauffement des pièces supérieures de l'appareil. Aussi, pour diriger le courant d'air sur la flamme, elle est enveloppée à sa racine d'une capsule en métal ou en porcelaine qui dirige sur elle la plus grande partie de la masse d'air qui passe par la cheminée de la lampe.

Le manchon qui entoure la flamme et sert de cheminée doit être très large au niveau de la flamme, et, pour l'adapter à la forme même de la mèche, qui est plate, et de la flamme qu'elle donne, on fabrique des verres aplatis, qui fonctionnent très bien. La mèche est en coton et ressemble à toutes celles de nos lampes à l'huile, elle s'emploie à plat et est très rarement circulaire.

Cette sorte de lampe, dite lampe américaine, fonctionne très facilement, est peu coûteuse et n'est pas sujette à des réparations. Elle est très commode si elle est munie d'un pied à base large et pesante, pour ne pas être sujette à se renverser.

Rien n'est plus facile que d'allumer la lampe à pétrole ; mais, pour l'éteindre, il faut certaines précautions. Pour éteindre la lampe, on fait redescendre le bout supérieur de la mèche dans l'intérieur de la gaîne. Mais alors qu'elle y est arrivée, il reste encore à la surface du bec une petite flamme bleuâtre qui invite à tourner encore le bouton pour faire descendre la mèche davantage ; il faut s'en bien garder, parce que l'on s'expose à faire tomber une mèche embrasée dans le récipient et déterminer une explosion. Ce cas s'est présenté chez un de nos confrères. L'explosion a été heureusement sans danger, par suite de la disjonction d'une soudure des parties inférieures de la lampe.

La lampe de pétrole une fois allumée donne une lumière jaune, assez blanche, se rapprochant beaucoup de celle du gaz. Son pouvoir éclairant est très puissant et sa lumière, quoique se répandant moins bien que la lumière d'une lampe à huile, n'en est pas moins très avantageuse. Je ne sache pas que la lampe de pétrole fatigue la vue ; elle donne une lumière fixe, sans vacillement. Son pouvoir éclairant a été déterminé par M. Bolley, à l'École polytechnique suisse. Les expériences ont été faites dans une pièce obscure, à parois peintes en noir, avec le photomètre de Bunsen, d'après la construction de Wright. Comme unité, on a adopté la lumière d'une bougie stéarique. Les huiles minérales ont été brûlées soit dans une lampe américaine, soit dans une lampe à schiste ordinaire. Les résultats sont consignés dans le tableau suivant.

Combustible	Densité	Point d'ébullition	Lampe américaine		Lampe à huile de schiste		Pouvoir éclairant de 20 grammes par heure		Consommation pour la production de la même lumière	
			Pouvoir éclairant	Consommation par heure	Pouvoir éclairant	Consommation par heure	Lampe américaine	Lampe à schiste	Lampe américaine	Lampe à schiste
Bougie stéarique	»	»	1	9gr3	1	9,3gr	2,15		9,3	
Pétrole de commerce (a).	0,804	146°	3,1	18	3,0	16	3,4	3,7	5,80	5,30
— d'Amérique.	0,802	115	3,7	21	2,8	16	:,5	3,5	5,70	5,71
— de commerce (b).	0,800	142	3,4	17	3,4	18	4,0	3,8	5,00	5,30
— — (c).	0,788	135	4,2	21	3,9	19	4,0	4,1	5,00	4,87
Pétrole rectifié au laboratoire.	0,791	132	4,2	20,5	3,4	17	4,1	4,0	5,01	5,00
Pétrole de commerce (d). . . .	0,787	128	5,5	22	3,8	14	,50	5,4	4,00	3,70

Il suit de ces données que si l'on prend pour base du calcul de la dépense les prix du commerce, c'est-à-dire le paquet de bougies stéariques à 444 grammes, à 1 fr. 40 c., ou les 500 grammes à 1 fr. 57 c., et 500 grammes d'huile de pétrole rectifiée à 60 c. ou 80 c., on arrive à admettre en moyenne qu'à éclairage égal l'emploi du pétrole est quatre fois plus économique que celui de la bougie et deux fois plus que celui de la chandelle.

La lampe à pétrole, quand elle brûle convenablement, ne répand aucune odeur. Je ne connais pas d'expérience qui puisse dire ce qu'elle brûle d'oxygène par gramme et par heure. Je crois volontiers ce chiffre plus élevé que pour l'huile ; mais ce n'est là qu'une hypothèse. Quoi qu'il en soit, dans l'usage ordinaire, je n'ai vu personne s'en plaindre. J'ai même vu des gens atteints d'asthme et d'emphysème s'en servir sans voir leur respiration gênée. Dans tous les cas, nous serions loin de l'horrible atmosphère de nos réunions du soir.

En résumé, l'huile minérale de pétrole, qui est d'un prix si peu élevé et qui possède un pouvoir éclairant si remarquable, constitue un liquide précieux pour l'éclairage.

Les dangers que fait courir le pétrole sont nuls au point de vue de la santé, soit dans l'emploi domestique, soit dans le commerce auquel il donne lieu.

Le seul inconvénient sérieux est dans les craintes d'incendie. L'isolement des lieux d'exploitation et quelques mesures de précaution dans l'intérieur suffiront pour en mettre complétement à l'abri.

PROJET

d'instruction sur l'emploi de l'huile de pétrole comme liquide d'éclairage.

I. L'huile minérale de pétrole connue encore sous le nom d'huile minérale d'Amérique, d'huile du Canada, huile de Pensylvanie, n'est nullement insalubre, malgré sa mauvaise odeur.

II. L'huile de pétrole n'offre de dangers que par sa facilité à s'enflammer.

III. L'huile de pétrole rectifiée est moins inflammable que l'huile brute, et l'on peut y jeter des allumettes enflammées sans qu'elle prenne feu. C'est là un moyen de s'assurer tout à la fois qu'elle est plus pure et moins dangereuse. L'huile purifiée est en même temps plus claire et plus limpide que l'huile brute.

IV. Dans les habitations, le pétrole doit être conservé dans des bidons en métal, fermés avec des bouchons également en métal et fermant par un pas de vis. Il serait bon que ces bouchons fussent rattachés au bidon par de petites chaînettes.

V. Il est dangereux de se servir pour cet usage de bouteilles en verre, qui sont trop sujettes à se casser dans le transport.

VI. La lampe, dans la partie qui contient l'huile, doit être large et peu profonde, pour donner un éclairage régulier.

VII. Les lampes devront être construites de préférence en verre, en porcelaine ou en une autre matière transparente, pour éviter d'être obligé d'approcher une lumière quand on les remplit.

VIII. Le pied des lampes doit être large et pesant, pour donner de la stabilité à la lampe et l'empêcher de se renverser.

IX. Le bec des lampes doit être assez long pour qu'entre la flamme et la surface du liquide, il y ait au moins six centimètres. S'il était beaucoup plus long, la lampe brûlerait mal, et s'il était plus court, on courrait risque de voir la lampe s'échauffer trop et la soudure se fondre.

X. Le bec doit être fermé par une cloison munie de deux ouvertures, l'une pour laisser sortir la mèche et l'autre pour laisser entrer l'air. Cette cloison ne doit pas être soudée, mais être enclavée tout simplement.

XI. La flamme sera recouverte à sa racine par une capsule en métal ou en porcelaine.

XII. Quand on veut remplir ces lampes d'huile minérale, il faut autant que possible le faire de jour et y mettre la quantité d'huile nécessaire pour n'avoir plus à en ajouter quand elle fonctionne. Si on fait cette opération le soir, il faut avoir le plus grand soin de ne pas approcher de l'huile qu'on verse la flamme d'un autre objet d'éclairage. Sans cela, on courrait risque d'y mettre le feu et de produire une explosion toujours dangereuse.

Si l'on est forcé de remplir la lampe le soir, et si la lampe n'est pas transparente, on la tiendra loin de toute autre flamme.

Si la lampe n'est pas transparente, on ne s'éclairera, pour remplir la lampe, qu'avec un corps éclairant dont la flamme sera environnée d'une cheminée en verre.

XIII. Quand on veut éteindre une lampe, on baisse la mèche, et quand il ne reste plus qu'une petite flamme bleue, on souffle pour achever d'éteindre.

Il est dangereux de continuer à faire descendre la mèche; si elle tombait dans l'intérieur de la lampe, elle pourrait y mettre le feu et déterminer l'explosion.

XIV. L'éclairage à l'huile de pétrole n'a pas d'influence fâcheuse sur la vue; sa lumière fixe et toujours égale gardant toute son intensité jusqu'à la fin en fait un moyen précieux pour l'éclairage.

XV. En cas où le pétrole prendrait feu, c'est avec du *sable et non de l'eau* qu'on l'éteindrait.

En observant ces quelques précautions, on pourra jouir de tous les avantages de l'huile de pétrole sans en redouter les inconvénients.

PARIS. IMP. DE DUBUISSON ET Cᵉ, RUE COQ-HÉRON, 5.   8439